DE
LA FRANCE
APRÈS
LA RÉVOLUTION.

Par H. de LOURDOUEIX.

Ferreus ille fuit qui, te cùm posset habere,
Maluerit prædas, stultus, et arma sequi.
TIBULLE. Eleg. 2.

PARIS,

Chez

C.-F. Patris, imprimeur-libraire, rue de la Colombe, n° 4, quai de la Cité ;
Mademoiselle Colignon, libraire au Palais Royal, galeries de bois ;
Et tous les Marchands de Nouveautés.

Octobre 1816.

LA FRANCE

APRÈS

LA RÉVOLUTION.

« Si l'on voulait faire un beau rêve, il faudrait
» rêver qu'on est roi de France ».

Mot du grand Frédéric à l'empereur d'Autriche.
(*Correspondance du prince de Ligne.*)

CHAPITRE PREMIER.

Nous voyons d'avance plus d'un lecteur s'arrêter à cette épigraphe, et dire avec l'expression d'une douleur que l'espérance ne vient point adoucir : Hélas ! ils ne sont plus ces temps, ou l'idée de l'honneur et de la politesse était compagne du nom français; où nos mœurs, nos usages, nos goûts, devenaient dans l'Europe entière et la règle des cours, et le prototype de la bonne éducation ! Qui pourrait reconnaître les Français de Louis XIV et de Louis XV, dans les contemporains de Roberspierre et de Buonaparte? Et qui pourrait encore tirer quelque vanité d'appartenir à une nation qui a ensanglanté les feuillets si glorieux de son histoire, par vingt années de crimes et de fureurs ; qui s'est jetée dans tous les excès ; s'est avilie par tous les désordres, et s'est vue exposée, pour prix de ses extravagances, à n'avoir plus aucun rang dans ce système politique, qu'elle avait failli de renverser ?

Telles sont les exclamations qu'arrachent journellement à un grand nombre de bons Français , et l'horreur ineffaçable imprimée dans leur âme par le règne si long du chaos, et le regret d'un ordre de choses dont ils ont passé leur vie à défendre les principes et à désirer le retour.

A Dieu ne plaise que nous ayions jamais la pensée de leur faire un tort de ces regrets, dont la source est aussi pure que respectable! Il serait facile même d'enchérir sur leur expression, et de multiplier à l'infini les chefs d'accusation qu'on voudrait reproduire contre la révolution française ; on pourrait accumuler les images sanglantes, prodiguer les anathêmes et les imprécations, en un mot, épuiser sur ce sujet déplorable le vaste domaine de l'imagination, sans craindre d'exagérer les faits et de calomnier les hommes ; mais il faudrait toujours s'arrêter aux conséquences , sous peine de tomber dans l'aveuglement et dans l'injustice, et de suivre follement des chimères désespérantes, plutôt que d'embrasser des vérités heureuses qui nous sont offertes.

En effet, pourquoi nous associer gratuitement à des iniquités que nous n'avons point partagées? Pourquoi accepterions-nous cette odieuse solidarité dans laquelle les fauteurs de nos maux ont en vain cherché à nous envelopper? Eh quoi! confondra-t-on dans la haine des siècles et les bourreaux et leurs victimes? N'éprouvera-t-on pas quelque consolation en comparant le petit nombre des premiers avec cette légende de martyrs qui ont scellé de leur sang l'opposition de la vertu à l'établissement du crime? Appèlera-t-on nation, cette majorité que les échafauds avaient faite? Oubliera-t-on, sur le Rhin et sur l'Escaut, les mânes héroïques de ces braves, qui, de tous les points de la France, étaient venus se rallier au panache de Henri IV? Ne tiendra-t-on aucun compte au paysan Bas-Breton de sa longue et valeureuse résistance? Fermera-t-on l'oreille aux gémissements et aux murmures d'un peuple opprimé sous le plus affreux despotisme; qui, vendu et livré chaque année par les prétendus gardiens de son indépendance, semblait ne vaincre que par instinct, et pour racheter à force de gloire la honte de sa servitude? Enfin oubliera-t-on que c'est ce peuple même, qui, délivré de son tyran, a levé les bras vers son père, et lui a demandé avec confiance la liberté et le bonheur?

Disons-le donc franchement pour adoucir, par quelque pensée consolante, le souvenir de nos infortunes; alors que nos armées, entraînées dans des guerres injustes dont elles n'étaient point complices, entraient triomphantes dans toutes les capitales de l'Europe, le Grand Frédéric aurait pu s'écrier encore : « Si l'on voulait faire un beau rêve, il faudrait rêver qu'on est roi de France. »

Nous ne craindrons donc pas d'être contredits, en concluant des réflexions précédentes que les crimes de la révolution ne sont nullement imputables à la nation française, mais que cette nation a été trahie dans ses vœux et dans ses espérances par des représentants infidèles qui, dans toutes les circonstances, l'ont lâchement sacrifiée à leur cupidité et à leur ambition, et que dans cette période de vingt ans, où des atrocités de tous les genres se trouvent si étonnament mêlées avec les actions les plus éclatantes, on agirait peut-être d'après les règles d'une justice exactement distributive, en attribuant au peuple Français tout ce qu'il y a de glorieux dans cette époque, et en faisant retomber sur les hommes qui l'opprimaient, tout ce qui s'est fait de criminel et d'avilissant.

Tel est le résultat que nous avons recherché dans l'exhumation pénible des souvenirs de nos désordres. Il nous importait d'effacer des scrupules qui pouvaient atténuer dans nos cœurs et l'orgueil national et l'amour de la patrie. Hâtons-nous de tirer le rideau sur des particularités dégoûtantes, qui heureusement n'ont plus aucune liaison ni avec nos intérêts ni avec nos destinées, et voyons si cette patrie a moins de droits à l'amour de ses enfants et à l'admiration de l'Europe.

On a généralement en France une idée assez inexacte de la signification du mot *révolution*. Un grand nombre de personnes croyent que ce mot veut dire anarchie, guerres civiles, massacres, brigandages, etc. C'est prendre pour la chose même ce qui n'est qu'un de ses effets. Les révolutions des corps politiques, comme celles des corps célestes, ne sont que la marche progressive de ces corps d'après le mouvement qui leur a été imprimé lors de la création. Cette marche est plus ou moins aperçue à raison des obstacles qu'ils rencontrent et qu'ils sont obligés de détruire. Plus ces obstacles sont puissants, plus leur chute est bruyante et terrible. Les institutions sociales suivent le cours de l'esprit humain, que rien ne peut arrêter; elles le suivent à travers l'immobilité apparente des longues paix, au milieu du tumulte des guerres et du vertige des conquêtes; elles traversent avec lui l'anarchie, le despotisme et les dissensions civiles. Aveugles comme le destin qui les conduit, ni les intentions pures de la vertu, ni les efforts impies du crime ne peuvent arrêter leur vol. Les intérêts et les passions se réunissent en vain contr'elles; les intérêts sont renversés, et les révolutions s'accomplissent.

Tout cela ne dit pas qu'à telle ou telle époque on ait eu raison de tuer, de piller, de briser les autels et les trônes. Si les révolutions sont indépendantes de la morale, la morale est indépendante des révolutions.

Le but de la révolution française était le perfectionnement de l'édifice social : la liberté en fut le prétexte, et les finances l'occasion. Examinons si, abstraction faite des maux qu'elle a causés à la génération passée, cette révolution est un bonheur ou un malheur pour les générations futures.

Les personnes qui sont le plus attachées à l'ancien ordre de choses, ne cessent de répéter : Qu'a-t-on besoin de constitution? La France n'en avait pas autrefois, et les affaires n'en allaient pas plus mal. Qu'a-t-on besoin de cette chambre législative qui s'immisce chaque année dans les hauts intérêts de l'Etat, entretient la fermentation dans toutes les têtes, et semble en contradiction permanente avec le roi ? Comment veut-on que le gouvernement puisse marcher si on lui met des fers aux pieds? Le roi est-il obligé de rendre compte de tous les actes de son pouvoir? Les peuples n'étaient-ils pas assez libres autrefois? La force de l'autorité royale tournait-elle au préjudice du bonheur public ? etc., etc.

Non seulement nous ne croyons pas que l'autorité royale fût trop forte avant la révolution, nous pensons, au contraire, qu'elle ne l'était pas assez. Par cette raison même que ses limites n'étaient point fixées, on pouvait tout lui disputer et arriver jusqu'à elle.

Si elle n'avait point de bornes, elle n'avait aucuns remparts. Comme la résistance n'était ni prévue, ni réglée, l'opposition marchait jusqu'au trône et l'avait ébranlé sans qu'on pût dire où avait commencé la révolte; aussi la monarchie était-elle dans un état continuel de troubles et d'agitations. Depuis Charlemagne jusqu'à nos jours, à peine un règne s'est-il passé sans guerres civiles. La moindre augmentation dans le prix du pain excitait une sédition.

Les parlements qui, par le seul effet de leur pesanteur dans l'équilibre social, formaient l'unique contre-poids de l'autorité souveraine, étaient moins les gardiens de la liberté des peuples, que des obstacles à la liberté des rois. Ces corps, par cette pesanteur ennemie de tout mouvement, étaient comme des ancres qui retenaient stationnaire le vaisseau de l'Etat, contre le vœu des passagers et la volonté du pilote, et l'empêchaient de suivre le cours des siècles et de la civilisation. Les rois n'avaient donc point assez de force pour faire le bien; ils ne pouvaient rien perfectionner, ni réformer aucun abus, pour peu que cet abus fût ancien. Les institutions restaient en arrière; les idées se détachaient d'elles;

bientôt la vie les abandonnait; elles périssaient de désuétude, et ce n'étaient plus que des cadavres qu'il n'était pas permis d'inhumer. C'est ainsi qu'un édit de Louis XVI, portant suppression d'un absurde impôt sur les Juifs, fut rejeté par le parlement de Paris comme contraire aux lois fondamentales de l'Etat.

Nous savons qu'un grand nombre de personnes prétendent que les institutions sociales ne doivent pas changer; que toute innovation est mortelle en législation, et qu'on ne doit toucher à rien sous peine de renverser tout. Pour toute réponse, nous leur dirons d'ouvrir l'histoire. Elles y chercheront vainement cette immobilité dont elles parlent; elles verront que tout marche dans l'univers, que tout se perfectionne et se combine suivant les temps et les lieux, et surtout suivant les mœurs; et que loin de chercher à arrêter le cours de l'esprit humain, tout ce qu'on peut faire de plus sage en gouvernement, c'est de le suivre, et de le suivre le plus près possible. C'est à l'oubli de ce principe que tient la durée des révolutions.

Si autrefois l'autorité des rois ne jouissait pas d'une action assez indépendante, la liberté des peuples était loin d'être assurée ; elle n'avait alors d'autre rempart que le respect humain, et était, pour ainsi dire, à la discrétion du pouvoir. Nous devons convenir que nos rois n'abusaient pas de leur latitude à cet égard ; mais ce n'est point assez pour la tranquillité de l'homme de n'être pas atteint par l'injustice, il faut encore qu'il n'en soit point menacé. Ce n'est pas le fait, c'est le droit qui importe à sa dignité ; l'arbitraire révolte sa raison, et le pouvoir ne doit pas, dans son idée, être séparé de la loi. Du reste, l'inconvénient le plus réel que présentât cet état de choses, était peut-être de laisser à la malveillance ce mot de liberté à invoquer, pour égarer les hommes et les empêcher de s'entendre. Le meilleur gouvernement est sans contredit celui qui donne le moins d'armes à la mauvaise foi des factions.

Un des vices constitutifs de l'ancien système social, était la division du peuple en trois corps, le clergé, la noblesse et le tiers-état. Quand on réfléchit sur cette âme des associations qu'on appèle esprit de corps ; quand on pense à l'activité, aux ressources, à la force, que devaient avoir ces faisceaux d'intérêts, d'industries et de passions, dont chacun marchait séparément vers son but , on est effrayé de voir eu présence ces trois corps qui avaient à faire valoir des prétentions et des opinions opposées ; on cesse d'être surpris qu'ils ayent fini par en venir aux prises , et par tout renverser dans leur choc.

Les états-généraux étaient, on peut le dire, le côté faible de l'édifice. C'est par là qu'il devait s'écrouler.

On a sans doute beaucoup exagéré l'importance des priviléges de la noblesse. Les servitudes, les vasselages , les justices seigneuriales , et tous ces débris d'une puissance féodale qui depuis long-temps était détruite, n'avaient peut-être, ainsi que le défaut de garantie dans la liberté individuelle, d'autre inconvénient que de laisser des bannières aux factions et des prétextes aux révoltes. Depuis long-temps les servitudes et les priviléges seigneuriaux n'existaient plus que sur les parchemins et dans les traditions des lieux. Enfin, l'on sait que l'inégalité civile consistait, à cette époque comme aujourd'hui, dans les fortunes, et que la riche bourgeoisie écrasait la noblesse, dont le privilége le plus réel était de se ruiner au service du prince. Mais ces restes d'institutions étaient, par leur incohérence, déplacées au milieu des idées du siècle ; c'étaient de vieilles masures que leurs possesseurs mêmes dédaignaient d'habiter, qui offusquaient la vue et contrariaient l'harmonie du paysage. Disons-le, la noblesse existe toute entière dans l'opinion et non dans les faits matériels dont on voudrait l'étayer. Si un homme qui s'appèle Montmorency ou Lusignan, marche entouré d'un prestige dont aucun Français ne peut se défendre, c'est que son nom parle à l'imagination et réveille de grands souvenirs ; mais ce prestige est indépendant des souverains et des lois, de la volonté des hommes et du pouvoir des choses. Nous n'en connaissons qu'une seule qui puisse le faire obtenir, c'est l'illustration personnelle.

Il résulte de ces réflexions que si les priviléges de la noblesse étaient frappés de mort dans l'opinion publique, la noblesse elle-même n'avait rien perdu de son existence morale ni de son importance politique. Elle avait donc une place marquée dans l'ordre social, et c'était une singulière erreur de Bonaparte que d'espérer finir la révolution en mettant hors de la monarchie un corps qui à lui seul, en représentait tous les souvenirs.

Une autre difformité du corps politique était

cette localisation d'administration et de jurisprudence, qui faisait, pour ainsi dire, autant
d'Etats dans le royaume qu'il y avait de divisions géographiques. Chaque province avait
ses lois, ses coutumes, ses privilèges, ses
franchises, son système de poids et mesures,
ses impôts particuliers ; ici le sel valait six
francs, à cent pas plus loin la même mesure
ne valait que douze sous ; ici les filles n'héri-
taient pas, là les aînés seuls succédaient à leurs
pères, ailleurs la mère pouvait déshériter ses
enfants ; en tel lieu le boisseau pesait vingt-
quatre livres, ailleurs seize, ailleurs trente ;
dans tel village la justice se rendait au nom du
roi, en tel autre au nom du seigneur, etc.,
etc., etc.

Il résultait de cette diversité de coutumes un
défaut d'unité et d'ensemble qui compliquait
la marche du gouvernement et les rapports des
citoyens entr'eux. Nous savons que toutes ces
coutumes étaient également justifiées par d'ex-
cellentes raisons ; que les lois *gombotes* et
ripuaires avaient leurs commentateurs qui ne
leur trouvaient pas moins de sagesse qu'aux
lois romaines ; mais dans cette multitude d'institutions différentes, il y en avait nécessaire-
ment de moins bonnes qu'il fallait abandonner,

de meilleures dont il convenait de généraliser l'usage.

Telles sont les principales imperfections que présentait autrefois l'édifice social. En vain nous dira-t-on que ces imperfections n'avaient pas empêché nos pères de s'y trouver à l'aise pendant plusieurs siècles, et que rien n'empêcherait que nous y fussions aussi bien qu'eux. On conclura de ce raisonnement qu'on a eu tort de l'abattre et qu'il faut le reconstruire tel qu'il était ; mais si on a réussi à renverser cet édifice, c'est qu'il avait des côtés faibles. Que dirait-on à un homme, qui possesseur d'une maison antique que des brigands auraient abattue dans le dessein de la piller, voudrait la rebâtir avec les mêmes difformités et les vices de construction qui avaient facilité sa chute ? On lui dirait : Quand votre maison était sur pied, vous auriez été un fou de la démolir ; mais puisque le mal est fait, que le terrain est nivelé, que les fondements mêmes sont perdus et détruits, rebâtissez sur un nouveau plan, faites une maison plus belle, plus régulière, et surtout plus solide.

Nous verrons dans les chapitres suivants jusqu'à quel point on a rempli ces trois conditions dans la restauration de la monarchie.

CHAPITRE II.

Il n'est pas rare d'entendre des gens pleins d'esprit et de bon sens, regréter dans l'intérêt des peuples, ces temps de simplicité et d'ignorance où les hommes se reposant du soin de les gouverner sur les souverains que le ciel avait placés à leur tête, suivaient paisiblement le train coutumier de leurs affaires domestiques ; allant les enfants comme leurs pères, ne se demandant pas de quel droit on les rendait heureux, pourvu qu'ils le fussent ; et où ne plaçant leur félicité que dans des jouissances réelles et positives, ils se souciaient fort peu de toutes ces abstractions politiques pour lesquelles nous autres modernes nous faisons hacher de si grand cœur.

Sans doute, il y a quelques fondements dans ces regrets ; il est constant que sous un tel ordre de choses, la révolte étant le seul moyen qui restât aux sujets de sortir de la situation trop pénible où les aurait mis la tyrannie, le bonheur public était aussi le seul motif de sécurité pour les souverains. Ainsi, les rois vivant dans la crainte des peuples, comme les peuples dans la crainte des rois, il y avait balance de crainte entre les deux puissances, et par conséquent repos ; mais cette crainte est-elle assez invariable et assez déterminée pour offrir une base rassurante à la tranquillité d'une nation ? Il faut en pratique des choses positives et pour ainsi dire matérielles ; il faut des bornes fixes et précises qui soient dans le gouvernement même et non dans l'imagination des hommes ; en un mot, il faut des institutions.

D'ailleurs, si les peuples ignorants sont plus aisés à gouverner, ils sont aussi plus aisés à égarer et plus accessibles à tous les genres de fanatismes. On ne saurait trop répéter que ce n'est point avec des vérités qu'on fait et qu'on alimente les guerres civiles, mais avec le mensonge ; et que les mensonges les plus grossiers, les plus absurdes, sont précisément ceux qu'il est le plus difficile de détruire, parce que le raisonnement ne peut les atteindre. Cette réflexion explique tout naturellement pourquoi les temps de barbarie sont si féconds en troubles et en séditions. Dans les siècles civilisés, le canon est appelé *ultima ratio regum*, la dernière raison des rois ; dans les temps de barbarie, on pourrait l'appeler la seule raison des hommes.

On ne manquera pas de nous objecter, que c'est la propagation des lumières qui a amené la révolution et tous les maux qu'elle a traînés à sa suite. Mais qu'on ne s'y trompe pas ; ce n'est pas pour y trop voir que les hommes s'égarent, c'est pour n'y pas voir assez. L'aveugle qui commence à recouvrer la lumière veut marcher sans guide et tombe dans les précipices ; achevez de lui rendre le jour, il suivra la route sans s'écarter, parce que les précipices lui feront peur. La demi-civilisation enfante les paradoxes, détruit la morale et la religion. Une civilisation plus perfectionnée ramène les hommes à la morale et à la religion, en les éclairant sur leurs véritables intérêts, qui ne peuvent en être séparés. Notre histoire nous offre l'application précise de ces observations ; elle nous montre au dix - huitième siècle la philosophie à son enfance, faisant naître dans toutes les classes le doute religieux et politique, l'athéisme et l'anarchie. Tournons un feuillet de plus, et nous verrons dans le dix-neuvième siècle, l'athéisme foudroyé, la religion triomphante, l'ordre et la morale proclamés, la monarchie relevée sur ses vieux fondements, et pour nous servir d'une belle expression de M. de Sèze, les peuples gardant eux-mêmes les avenues du trône. (1)

La seule conclusion dans la question qui nous occupe, que nous puissions tirer de la révolution, c'est que l'époque la plus désastreuse dans la vie d'une nation, est celle où elle commence à vouloir se conduire par le raisonnement ; elle tombe alors dans tous les écarts de l'idéologie, l'expérience seule les rectifie, et les leçons de l'expérience sont coûteuses. Tout gouvernement fondé sur l'ignorance porte donc avec lui le germe de sa destruction : celui-là seul est solide qui a été fait après la lumière ; la fausse politique s'efforce d'aveugler les hommes pour les conduire par la main ; la vraie politique les éclaire et leur montre la route.

Si quelque chose peut nous attacher plus fortement encore aux institutions nouvelles, c'est cette pensée, qu'elles sont basées, non sur les intérêts périssables d'une classe plus ou

____

(1) Procès des prétendus patriotes de 1816 ; vol. 8°. chez MM. Patris et Guillaume, libraires.

moins puissante de citoyens, mais sur les principes éternels de la morale publique ; sur ces principes dont l'origine est dans le ciel ; qui existèrent dans les idées des sages de tous les siècles, dans la conscience de tous les hommes vertueux ; qui existèrent indépendamment de leur application plus ou moins difficile suivant les temps et les lieux, et même presque toujours impossible ; mais qui, réalisés dans une société, doivent la porter au plus haut degré de force et de grandeur, en mettant tous les individus qui la composent dans cet état de bien-être intérieur qui facilite le développement de tous les germes de gloire, de tous les sentiments nobles et héroïques.

Un sage de l'antiquité a dit que le gouvernement le plus parfait serait celui qui se composerait des trois pouvoirs, monarchique, aristocratique et démocratique.

Un autre sage a dit qu'il ne fallait pas, en législation, chercher les meilleures lois possibles, mais celles qui convenaient le mieux à la nation qu'elles étaient destinées à régir. C'est dans ces deux principes combinés que se trouve toute l'apologie de la charte constitutionnelle.

Il suffit d'ouvrir l'histoire pour se convaincre

qu'un gouvernement représentatif est essentiellement dans les mœurs du peuple français. Si nous allons chercher nos pères dans les forêts de la Germanie, long-temps avant leur établissement dans les Gaules, nous les voyons partageant avec leurs rois la puissance législative, et délibérant avec eux sur les hauts intérêts de l'Etat. Chez les Germains, dit C. Tacite, *Regibus non est infinita potestas ; de minoribus rebus principes consultant , de majoribus omnes.* Toutes les lois qui nous sont parvenues de ces temps reculés, portent encore le nom des Malberges (1), ou assemblées dans lesquelles elles avaient été faites. La loi salique, qui offre le recueil de ces lois et coutumes éparses, fut composée d'après les ordres de Pharamond par quatre de ses principaux officiers ; et présentée ensuite par lui à la nation assemblée. Ce code fut augmenté sous Clovis, dans les états-généraux d'Aix-la-Chapelle, et dans ceux de Thionville ; il a reçu plusieurs additions sous les successeurs

---

(1) Malberges de *Maal* , *Conférences* , et *Berg* , dans les langues du nord, *montagnes* , assemblées sur des montagnes.

de ce monarque, mais toujours en assemblées générales.

Cet usage de régler la législation en assemblée générale, s'est maintenu long-temps sans aucune interruption. Dans le septième siècle, dit l'abbé Millot, les parlements ambulatoires appelés *placita*, plaids, devinrent fréquents. On y délibérait en commun sur les affaires publiques, on proposait au roi les avis, on lui faisait les demandes qu'on jugeait convenables, et il décidait en souverain.

Charlemagne fit ses capitulaires avec l'aide des états, à Aix-la-Chapelle ; un capitulaire de 801 porte : *Cum omnium consensu.* On lit dans les capitulaires de Charles-le-Chauve : *Lex populi consensu fit, et constitutione regis.*

La représentation nationale en France est donc aussi ancienne que la monarchie ; seulement elle a éprouvé plusieurs changements dans ses éléments, suivant que la nation elle-même a été diversement composée.

Quand les Francs enlevèrent les Gaules à la domination romaine, ils se substituèrent dans les droits des premiers conquérants, et continuèrent à traiter en vaincus les Gaulois, qui, tributaires et soumis, n'avaient aucune importance politique ; la nation était donc alors dans les Francs, qui seuls furent admis aux assemblées générales. Ainsi, la noblesse, les gentilshommes, les hommes de la nation, étaient les seuls qui la représentassent. Plus tard, le clergé ayant, par ses lumières et par ses richesses, acquis une grande considération dans l'État, le duc Pépin lui permit d'envoyer des députés aux états - généraux ; plus tard enfin, le peuple, qui avait su profiter de toutes les circonstances favorables pour sortir de la servitude où la conquête l'avait plongé, se trouva par le fait au niveau des autres ordres : il fut affranchi sous Louis-le-Hutin, en 1315, et prit part à la représentation nationale sous le règne de Jean II, en 1355.

C'est donc du règne de Jean II que date, à proprement parler, l'émancipation du peuple français. C'est dans ce règne si fécond en événements désastreux pour la patrie, alors que les guerres civiles se reproduisaient sous toutes les formes pour déchirer ses entrailles ; alors que l'étranger, tenant le roi dans ses fers et couvrant le royaume de ses phalanges victorieuses, demandait insolemment la moitié de nos provinces ; c'est alors, disons-nous, que la liberté, sortant des malheurs publics, montra, pour la première fois à l'Europe, les trois pouvoirs, monarchique, aristocratique et démocratique, réunis dans un gouvernement. On ne saurait trop le répéter, c'est chez nous que s'est réalisé ce grand problême politique dont nos voisins se sont emparés, et qui leur a servi de base dans cette constitution dont ils sont si fiers, mais que nous n'avons plus à leur envier.

On verra peut-être dans cet aperçu la confirmation de ce que nous avons dit dans le premier chapitre, que les révolutions des peuples ne sont point des événements dans leur histoire, mais la marche invisible de leurs institutions vers cette perfectibilité indéfinie que l'allemand Kant a découverte, et que ce n'est point à la France à méconnaître.

Si dès le quatorzième siècle toutes les classes de l'État se trouvèrent enfin participer à la représentation nationale, cette représentation elle-même n'était ni assez réglée, ni assez essentielle dans le gouvernement, pour que la patrie en retirât un véritable avantage. Les états-généraux, qui, dans les premiers âges de la monarchie, s'assemblaient tous les ans, au mois de mai, n'étaient plus convoqués que de loin en loin, lorsque le souverain avait à dé-

mander au peuple quelque subside extraordinaire, ou lorsque les abus, s'accumulant dans
l'Etat, l'opinion publique se soulevait contre le
gouvernement, qui se trouvait forcé, en quelque sorte, d'entrer en composition avec elle. Il
résultait de cet état de choses plusieurs inconvénients fort graves ; les états n'étant appelés
que dans des cas extraordinaires, leur convocation produisait dans le royaume une espèce
de secousse qui éveillait toutes les passions
privées, toutes les ambitions, toutes les espérances coupables ; ensuite, cette convocation
ayant lieu précisément lorsque le pouvoir monarchique ne se sentait plus assez fort pour
agir seul, les autres pouvoirs fondaient sur cet
aveu de faiblesse des idées d'envahissement,
toujours opposées au rétablissement de la paix ;
enfin il résultait de cette division du peuple en
trois ordres, séparément représentés et op-
posés d'intérêts, sans qu'aucune limite précise
les empêchât de se heurter, que les états-généraux offraient, non l'aspect de la nation
réunie pour délibérer avec son souverain, mais
l'image effrayante de trois grandes factions en
présence, qui, loin de chercher à terminer
les malheurs publics, s'efforçaient d'en tirer
tous les avantages particuliers qui pouvaient
en ressortir pour chacune d'elles.

De ces inconvénients, qui faisaient de la convocation des états un véritable moment de crise pour la monarchie, était né cet axiome de gouvernement, que *tout devait être fait* POUR *le peuple et rien* PAR *lui* ; axiome qui renferme peut-être une vérité relative ; mais dont l'application en France a toujours été et sera toujours impossible.

Qu'on nous permette de hasarder ici une remarque que nous appuierons de quelques exemples, c'est qu'il exista toujours dans la conscience d'un roi de France quelque chose qui repoussa comme injuste et irréligieux l'exercice d'un pouvoir entièrement absolu. Soit que cette idée naquît en eux des traditions de notre histoire ou de l'influence du christianisme, soit enfin, que comme Français ils ne se séparassent point à cet égard de l'opinion nationale, nos Rois se sont toujours considérés plutôt comme les administrateurs de la France que comme ses possesseurs.

Le duc de Bourgogne, ce prince que la mort enleva trop tôt à la patrie dont il était destiné à faire la gloire et les délices, disait qu'un roi était fait pour ses sujets, et non ses sujets pour lui. Ainsi, c'est de la bouche d'un Bourbon qu'est sortie cette maxime, que leurs ennemis n'ont répétée avec tant de fracas que pour faire croire au peuple qu'elle avait été méconnue par eux : aussi se sont-ils bien gardés d'en indiquer l'origine.

Louis XIV, celui de tous les rois de France qui réunit en ses mains le plus d'autorité, et qui gouverna avec plus de puissance, offre encore un grand exemple à l'appui de notre remarque. Forcé, par l'obération de ses finances, d'augmenter les impositions de son royaume, il tomba dans une tristesse profonde qui mit ses jours en danger. Maréchal, son médecin, l'ayant pressé de lui faire connaître la cause du dépérissement de sa santé : » J'é- » prouve, lui dit-il, de violents scrupules de » prendre ainsi le bien d'autrui. » (1)

Sans doute il y a dans le raisonnement de l'homme d'État bien des moyens de repousser ces scrupules. Ce n'était pas pour lui person-

____

(1) Mémoires de Saint-Simon. — Le père Letellier rendit le repos au roi en lui apportant une consultation des docteurs de Sorbonne, portant que le bien de ses sujets lui appartenait en propre. — S'il n'y avait eu à cette époque ni jésuites, ni Sorbonne, le monarque honnête homme et chrétien, aurait peut-être donné la charte constitutionnelle.

nellement que Louis XIV exigeait une partie des revenus de ses sujets , et en ce cas *le bien d'autrui* servait à acquitter les dépenses *d'autrui*. Ce grand prince était trop éclairé pour que ces réflexions ne se présentassent pas d'elles-mêmes à son esprit ; mais l'esprit de l'homme d'État se taisait devant les scrupules de l'honnête homme. Se seraient-ils élevés ces scrupules si honorables pour l'âme de ce monarque , si l'impôt qui devait être payé par le peuple , avait été décrété par lui?

Hâtons-nous de conclure de ces faits , que la charte constitutionnelle est en harmonie , non seulement avec les mœurs et l'opinion du peuple français , mais encore avec les mœurs et l'opinion des rois de France. Puisse cette vérité nous attacher encore davantage à nos institutions, à nos souverains , et fortifier nos espérances !

Nous ne terminerons point ces recherches sur la tendance de l'esprit public en France , sans dire un mot de la manière miraculeuse dont les parlements se sont trouvés investis du droit de contrebalancer l'autorité souveraine.

Cette autorité s'était habituée à marcher sans le concours des états-généraux , et l'on ne voyait rien dans les institutions du royaume qui pût lui servir d'entrave. Un conseiller au parlement, Jean Mont-Luc (1), sous Philippe-le-Bel, s'avise, pour son usage particulier, de recueillir sur un registre les anciennes ordonnances, et les choses mémorables dont il avait eu connaissance. On fait plusieurs copies de ce registre. Les Rois qui avaient perdu leur chartrier, sentant la nécessité d'avoir un dépôt d'archives, prènent peu à peu l'habitude d'envoyer leurs édits et ordonnances au greffe du parlement, comme pour compléter la collection : et voilà qu'aucun édit ne peut être exécuté s'il n'a été enregistré par le parlement, et qu'un pouvoir politique, dont jusqu'ici on n'avait pas soupçonné l'existence, s'élève tout à coup aussi haut que le trône, se place entre le gouvernement et les gouvernés ; reçoit les émanations du pouvoir, les arrête ou les vivifie, suivant qu'il le juge convenable, et que la forme de la monarchie se trouve ainsi changée, sans que la main des hommes puisse être aperçue dans ce changement.

Qui oserait nier après un tel exemple, qu'une monarchie tempérée ne soit pas inhé-

---

(1) Voltaire, Histoire des parlements.

rente à l'existence d'une nation où elle se forme d'elle-même, comme l'or dans les mines du Potose, par le seul effet du temps et de la gravitation?

C'est ainsi que dans les âges d'ignorance les choses devancent les idées, et marchent pour ainsi dire à leur insu ; tandis que dans les âges de lumière, ce sont les idées qui ouvrent la marche du siècle et entraînent les choses après elles.

CHAPITRE III.

Nous avons vu dans le chapitre précédent, quels inconvénients résultaient de la division du peuple en trois ordres qui étaient devenus autant de partis armés les uns contre les autres.

Réduire ce peuple à un système d'unité au moyen d'une égalité politique dans laquelle viendraient se fondre toutes les distinctions, toutes les oppositions d'intérêts, toutes les sources de divisions et de discordes ; le constituer en puissance législative, afin que sa volonté ayant concouru à l'établissement des lois, il n'en fût que plus obligé à leur exécution ; rendre cette puissance permanente, et en renouveler les élémens de manière à ce que l'opinion publique fût continuellement représentée, pour que le gouvernement, marchant par cette opinion, n'eût rien à redouter d'elle, et que les institutions pussent suivre le cours de la civilisation, tels sont les principaux perfectionnements qu'indiquaient ces inconvénients, et qu'appelaient les idées du siècle.

Il serait résulté de ces perfectionnements une véritable démocratie, qui n'aurait pu se trouver en contact immédiat avec le pouvoir monarchique, sans que l'un des deux ne finît par détruire l'autre; et comme un gouvernement entièrement démocratique n'est pas plus dans nos mœurs qu'une monarchie absolue, il était indispensable de mettre entre ces deux forces opposées une force égale et immobile, qui les empêchât de se heurter. Nous avons vu plus haut que l'ancienne aristocratie, la noblesse, ayant trop d'intérêts à débattre avec le peuple, ne pouvait plus remplir cet objet. Il fallait donc tirer du sein de ce peuple une aristocratie nouvelle qui en fût indépendante, mais ne lui fût pas opposée. C'est ainsi que s'est formée la chambre des pairs.

Enfin, la nécessité d'isoler la majesté royale des débats souvent licencieux de la tribune, et de concilier le respect et l'obéissance dus au souverain, avec la liberté de discussion nécessaire à la confection des lois, motiva l'institution d'un conseil de ministres, qui représentant le pouvoir monarchique, peut descendre pour lui dans l'arène et y combattre sans d'autres avantages que ceux qui lui sont assurés par sa constitution. (1)

Telles sont les principales parties du nouveau système représentatif. Assis sur les vieux fondemens de la monarchie, il s'élève à la hauteur de la perfection idéale. Le temps et les révolutions en ont indiqué les bases; la philosophie la plus éclairée en a régularisé les

---

(1) Si dans notre opinion les députés sont en droit de ne voir que les ministres et jamais le roi, dans la discussion des projets de loi qui leur sont présentés, cette distinction ne doit pas sortir de l'enceinte de la chambre; partout ailleurs une obéissance passive est le premier devoir des sujets envers le souverain, qui représente la loi rendue. Les ordonnances, contre lesquelles un écrivain qui a voulu s'armer de la charte pour attaquer le gouvernement, s'est élevé avec tant de force, les ordonnances sont un attribut légal du pouvoir exécutif, puisqu'elles ne sont autre chose que les moyens d'exécution de la loi consentie par les trois pouvoirs. Cet écrivain nous parait s'être également trompé en argüant de la responsabilité des ministres, pour se croire en droit de substituer leur nom à celui du roi dans les accusations qu'il élevait contre le gouvernement. Si cette responsabilité n'est point encore réglée, les limites du moins en sont fixées par la charte. L'article 56 dit formellement que les ministres ne peuvent être accusés que pour trahison ou concussion, parce que dans ces deux délits ils agissent indépendam-

plans et coordonné l'ensemble. C'est donc surtout avec les yeux de la spéculation qu'on doit contempler un ouvrage dont elle est le principal architecte; elle seule pouvait, dans le grand siècle des lumières, concevoir la possibilité d'un gouvernement fondé sur la vérité, sur le droit naturel des hommes, sur la liberté civile et l'égalité politique.

Mais, dira-t-on, ce qui est bon en spéculation n'est pas toujours bon en pratique. C'est une erreur, et une erreur désespérante. Nous approcherons davantage de la vérité en renversant l'axiome et en disant : ce qui n'est pas bon en pratique n'était pas bon en spéculation.

En effet, perfectionnez, mûrissez votre plan; faites entrer dans vos calculs les passions des hommes, et quand vous avez vu que cela est bien, mettez la main à l'œuvre et réa-

---

ment de la royauté ; dans tout autre cas ils ne sont que les agents du roi, et ne doivent compte qu'à lui seul de leur gestion. On ne peut donc les rendre responsables des actes du gouvernement, qui d'après la constitution émanent uniquement du roi. On ne saurait trop admirer la sagesse de cette charte, qui ne présente pas la plus petite contradiction dans ses articles, et dont on ne pourrait changer un seul principe sans s'écarter du bon sens, et sans renverser toutes les idées sociales.

lisez. En général, nous sommes trop prompts à douter de notre raison ; ne séparons pas si légèrement ce qui est de ce qui doit être. Les vérités d'inspiration valent bien les vérités d'expérience : ces dernières ne sont souvent que relatives. Nous devons dire seulement que les spéculations les plus belles rencontrent quelquefois des difficultés d'exécution qu'il n'appartient pas aux hommes de franchir. Il est tel perfectionnement qu'on ne pourrait atteindre qu'en sacrifiant une génération entière au bien-être des générations futures, et une détermination si terrible dépasse les droits d'un mortel. Quand un résultat se trouve séparé de nous par la morale, l'homme doit s'arrêter ; c'est à l'aveugle destin qu'il appartient seul de conduire sur le sol hérissé d'obstacles, ce cylindre de fer qui écrase tout sur son passage.

Cette réflexion répond à ce que disent certaines personnes, que l'infortuné Louis XVI aurait dû se mettre à la tête de la révolution pour la conduire vers son but avoué. Nous pensons qu'il ne le devait pas ; tout ce qu'il pouvait faire c'était de mourir, et de mourir en roi. Dans cette époque de profanation et d'effervescence, il fallait sauver la monarchie

des erreurs et de la démence du siècle ; il fallait qu'elle se réfugiât dans le ciel pendant
l'opération sanglante du génie révolutionnaire,
pour redescendre ensuite sur la terre avec la
religion et la vertu, dont elle ne doit jamais
se séparer.

Les bornes de cet article ne nous permet-
tent pas de pénétrer plus avant dans l'examen
des parties secondaires qui complètent l'édifice constitutionnel ; nous essayerons seulement de prouver que les avantages qu'il nous
assure ont déjà ressorti de la courte expérience
qui a suivi son érection.

On a trop légèrement répété, depuis l'or-
donnance qui a dissous la chambre des députés, que la dernière session législative n'a-
vait produit aucun bien réel pour l'Etat. S'il
est vrai de dire que cette chambre a contra-
rié plus d'une fois les vues conciliatrices du
gouvernement, excité l'effervescence des uns
et les inquiétudes des autres, et retardé cette
fusion des partis, d'où doit naître la paix in-
térieure ; s'il est également vrai que l'État n'a
pris une véritable solidité que depuis la sépa-
ration des chambres, toutes les inductions
qu'on pourrait en tirer contre les gouvernements représentatifs, ne nous paraissent point

justes. Dans un Etat composé de trois pouvoirs, ce n'est point isolément qu'il faut examiner chacun de ces pouvoirs, c'est dans l'ensemble de leurs rapports et dans le résultat de leurs travaux. On est effrayé de l'espèce d'exagération qu'on remarque dans un corps démocratique, et l'on ne pense pas que le législateur a compté sur cette exagération, dans les droits qu'il a donnés au pouvoir opposé. La royauté et la démocratie sont deux forces contraires dont les parties nuisibles se neutralisent l'une par l'autre ; ce sont deux extrêmes entre lesquels est le terme moyen, ou le mieux possible, de même que chaque vertu, suivant Aristote, se trouve placée entre deux vices. Nous chercherons l'application de ce raisonnement dans la manière dont s'est rendue la loi d'amnistie. Le gouvernement, conduit par la raison d'État, voulait pardonner tout ; l'opinion publique, qui ne connaît pas la raison d'État, voulait punir tout : qu'est-il résulté de ces intentions opposées ? La justice humaine a été aussi loin qu'elle pouvait aller sans compromettre la sûreté de l'État, et si elle a été forcée de s'arrêter devant les conquêtes du mal, les principes du moins ont été sauvés. C'est en cela surtout, que la chambre des députés a rendu un véritable service à la patrie. Après l'attentat scandaleux du 20 mars, lorsque l'Europe semblait douter que la France possédât encore assez de principes sociaux pour se maintenir en corps de nation, lorsque le crime heureux et puissant riait des arrêts de la morale, et trouvait, à défaut de l'estime, cette espèce de considération que le pouvoir et la richesse usurpent sur la corruption publique; lorsque la jeunesse, qui s'élevait devant ces funestes exemples, prenait le succès pour la vertu, la bravoure pour l'honneur, l'intérêt privé pour le patriotisme, et que toutes les notions naturelles se perdaient dans la confusion des mots, la chose la plus importante pour le salut de tous, était de relever la morale, qui seule peut offrir, dans ses principes généraux et éternels, des fondements solides à l'esprit public. Plus la subversion de ces principes avait été longue et complète, plus leur rappel devait être proclamé avec éclat. La chambre des députés a fait en cela tout ce qu'on pouvait attendre d'un corps qui avait le noble mandat de représenter l'honneur français : c'était là le point principal de sa mission, elle l'a remplie. Mais, dira-t-on, elle

aurait dépassé sa tâche si elle n'eût été dissoute. Cela peut-être ; mais elle a été dissoute.
La constitution est donc bonne, puisqu'elle
a en elle-même des moyens suffisants de se
conserver.

Des hommes qui ont leurs raisons secrètes
pour ne pas croire à la liberté sous un gouvernement légitime, ont reproché à cette chambre d'avoir marqué une tendance entièrement
opposée au but de son institution, en se mon-
trant plus monarchique que le pouvoir monarchique lui-même, ou, pour nous servir de
l'expression consacrée, *plus royaliste que le
roi.* Il est vrai qu'en ce point la session législative a présenté un phénomène unique dans
l'histoire des États constitutionnels. Cependant
la chambre a été dans son véritable sens, celui
de l'opposition. L'État se trouvait dans une
situation extraordinaire qui devait nécessiter
un système également extraordinaire. Dans le
cours habituel des gouvernements, l'opinion
menace continuellement le pouvoir monarchique, dont tous les ouvrages de défense doivent être tournés contre la démocratie ; mais
ici la démocratie, qui venait d'exercer tant de
ravages, avait l'opinion contre elle, et comme
cette opinion marche toujours dans un sens

quand elle cesse de marcher dans l'autre, la réaction du balancier révolutionnaire était peut-être inévitable, si le pouvoir monarchique ne se fût tourné précisément en face de l'opinion du jour. Nous ne saurions trop le répéter, ce n'est point isolément qu'il faut juger les pouvoirs législatifs, c'est dans leur ensemble. La conviction où était le roi, que l'amour de ses sujets pour lui et leur haine pour les fauteurs de nos longues infortunes apporteraient quelque chose de trop dans la balance, a sans doute influé sur le système de conduite qu'il a adopté dans l'initiative des lois ; et loin qu'aucun inconvénient ait résulté de cet état de choses, le pouvoir démocratique s'est ennobli, et le pouvoir monarchique s'est popularisé ; le premier en frappant de réprobation les fureurs populaires, et le second en les pardonnant. Il fallait peut-être ce double résultat pour que la révolution fût finie.

Du reste, si la chambre des députés a été monarchique dans ses vues, elle s'est montrée tout-à-fait démocratique dans ses moyens. Ses efforts, pour envahir l'administration par l'indépendance des communes et des provinces ; ses éternels combats pour s'emparer de l'initiative royale, son vœu bien prononcé pour le

renouvellement intégral , quand les fonctions
de ses membres , loin de tourner à leur avantage personnel , sont au contraire une charge
pour leur fortune ; sa conduite dans la loi des
élections qu'elle avait d'abord entièrement dé-
naturée par ses amendements , et qu'elle repro-
duisit ensuite avec les mêmes amendements ,
quand la chambre des pairs l'eut rejetée ; son
exaspération contre les ministres , la chaleur
de ses débats , son impatience , son exaltation ,
son emportement , tout annonçait la présence
de cette liberté , que l'anarchie et le despotisme avaient tour-à-tour éloignée de la tribune. Ce n'était donc pas , comme ont feint
de le croire alors ceux qui calomniaient les
intentions du roi , une assemblée de courtisans
agissant dans le seul intérêt du pouvoir , c'était
le peuple ; c'était le génie des tempêtes plé-
béïennes tonnant sur la tribune aux harangues;
c'était le lion du *forum* avec ses yeux étince-
lants et ses rugissements terribles ; mais , hâtons-nous de le dire , c'était le lion populaire
enfermé dans une enceinte dont il lui était
impossible de sortir, et séparé du souverain
par un ministère qu'à toute extrémité il eût
suffi de lui sacrifier pour l'appaiser.

On attache encore une trop grande importance à la composition d'une chambre des députés; il semble, à voir les alarmes que témoignent beaucoup de personnes, que le destin de la France et l'existence de la charte soient à la discrétion de cette chambre. Sans doute, il est à désirer que les députés qu'on va élire se montrent animés de l'esprit de conciliation qui dirige le gouvernement, et que la révolution, qui est morte par le fait, ne revive plus dans nos souvenirs (1); mais quand bien même

---

(1) Il n'est pas étonnant que des hommes, qui ont vu tomber à leurs côtés la tête de leurs amis et de leurs proches, sous le couteau des anarchistes, et qui eux-mêmes ont été en butte aux plus cruelles persécutions, ayent encore la vue pleine de ces affreuses images; il est même probable qu'elles les obséderont jusqu'au tombeau; mais il est bon de remarquer que les Français qui approchent de leur trentième année, c'est-à-dire, ceux qui composent la partie forte de la nation, avaient à peine âge de raison lorsque toutes ces choses se passaient. Ces fantômes sanglants qu'on se plaît à explorer à nos yeux, font donc assez peu d'impression sur l'esprit de la génération présente. Robespierre et Marat ne sont plus pour nous que des personnages historiques assez étrangers à nos intérêts, et nous pourrions dire des noyades et des lanternades, ce que disait ce marguillier d'un vieux tableau de son église, dont on lui demandait l'explication : « Ceci ne s'est point passé

cette nouvelle chambre épouserait les haines et les préventions qui s'étaient établies dans l'ancienne ; quand bien même ces députés n'embrasseraient la charte que dans l'intention de l'étouffer, croit-on qu'ils y pourraient parvenir ? En résultat, le pouvoir démocratique n'est rien sans les autres pouvoirs ; il faut pour l'existence d'une loi, le consentement de la chambre des pairs et la sanction royale. Si les députés étaient tourmentés de cet esprit de gouvernement qui s'empare si souvent des assemblées délibérantes, on les laisserait s'amuser à discuter des propositions de lois auxquelles on ne donnerait aucune suite. Mais, nous diront les alarmistes, le roi ne peut se passer d'impôts, et si la chambre ne voulait s'occuper du budget qu'à de certaines conditions, le roi serait bien obligé de céder à ses demandes. Cette supposition se détruit d'elle-

---

de mon temps ». Nous sentons le besoin de sortir enfin de cette fantasmagorie révolutionnaire qui éternise dans nos cœurs les haines et les frayeurs, et d'affranchir un siècle, qui est le nôtre, de l'empire si funeste du siècle passé. Vivons un peu dans le présent, beaucoup dans l'avenir, et souvenons-nous qu'il faut boire de l'eau du Léthé avant d'entrer dans les bosquets heureux de l'Élysée.

même. C'est précisément parce que les députés savent très-bien que la société ne peut se maintenir sans contributions, qu'ils ne refuseront pas de les décréter; ce serait dire : Nous ne voulons pas être gouvernés cette année, et une assemblée de propriétaires ne tiendra jamais un tel langage. La royauté et la chambre seront donc à cet égard dans une similitude de position qui facilitera toutes les transactions, et une fois le budget réglé, qui empêchera qu'on ne termine la session, si l'on n'a pas à se louer des députés, et qu'on ne remette à une autre année les lois sur lesquelles on ne pourrait s'accorder?

Ceux qui s'imaginent que le roi ne peut gouverner sans les chambres, ont-ils donc peur de manquer de lois?

Nous ne saurions trop le répéter pour faire cesser la frayeur que cause assez généralement le mot de *gouvernement représentatif*; la chambre des députés n'est point appelée à gouverner, mais à régler le budget de l'État. Il ne faut pas croire que les lois seront toujours à faire ou à refaire en France. Nous n'aurons pas toujours des amnisties à décréter, des cris séditieux à réprimer, des libertés à restreindre. En temps ordinaire, les délibérations de la chambre ne porteront que sur les impositions, et de loin en loin sur quelques articles de jurisprudence qui auront besoin d'être rajeunis ; et quand une fois on sera bien d'accord sur ce point, qui maintenant fait toute la question entre les pouvoirs monarchique et démocratique (conservera-t-on le système fiscal, ou essayera-t-on de rétablir le système foncier ?), la discussion du budget pourra se terminer en huit jours, et la présence des chambres sera sans objet.

On ne doit donc rien craindre de cet esprit démocratique, dont l'exagération même n'a aucun danger pour la société ; d'un côté la chambre des pairs, de l'autre la prérogative royale, opposent des bornes éternelles à ses écarts ; ainsi la tranquillité publique est garantie, et l'autorité monarchique est fortifiée par la constitution : l'intrigue sera sans moyens devant la liberté des passions ; tout dans le gouvernement pourra marcher à découvert ; les discussions sont publiques, et la liberté, sortant du choc des opinions plébéiennes, ne sera plus voilée, ni pour les peuples, ni pour les rois.

Mais cet amour de la patrie qui ne peut que se fortifier dans nos âmes à mesure que nous examinerons de plus près les divers points de notre constitution , prendra encore une nouvelle consistance quand la France moderne apparaîtra à nos regards dans l'admirable perfection de son système administratif. En effet , si la beauté , qui a tant de charmes pour nos yeux , qui a tant de pouvoir sur nos cœurs , résulte , pour les choses physiques , de la justesse des proportions et de la simplicité régulière des diverses parties d'un tout , ces régles , appliquées aux choses intellectuelles , doivent produire ce beau moral que nous ne pourrons découvrir dans notre patrie , sans que nos yeux en soient enchantés , notre orgueil flatté , et sans que notre amour s'en accroisse. Autant l'ancienne France , considérée sous ce point de vue , était incohérente et difforme , autant la France moderne est régulière et uniforme. Tout autrefois semblait tendre à localiser les intérêts et à substituer l'égoïsme de corps à l'esprit national ; toutes les classes de citoyens étaient divisées en petits cercles , qui s'isolaient dans le sein de l'Etat ; les arts , les métiers , les institutions de bienfaisance , les confrèries , les communes , tout avait sa caisse , ses régles , ses lois , sa police , dont ils ne devaient de compte à personne ; et ce qu'il y avait de plus singulier , c'est que ces régles , ces lois, cette police , changeaient suivant les provinces et suivant les villes. Tout maintenant tend à centraliser les intérêts et à les réunir dans un seul et même cercle, la patrie. La loi est une , la jurisprudence est une , la police est une ; tout arrive de centre en centre , jusqu'au centre commun qui est le trône ; tout arrive de ce trône jusqu'aux dernières extrémités du corps politique. Allez sur les bords où fleurit l'oranger , sur ceux où jaunit le tabac ; allez sous le beau ciel du Languedoc , ou sous le climat brumeux de la Flandre maritime ; partout vous trouverez le même magistrat , avec les mêmes attributions, le même pouvoir ; par tout vous serez protégé par la même surveillance , et jugé dans les mêmes formes.

On a beaucoup parlé , dans la dernière chambre des députés contre cette centralisation, dont il est vrai que l'ancien gouvernement avait abusé dans sa détresse , pour s'approprier toutes les caisses locales ; mais ce n'est point par l'abus qu'il faut juger une institution, c'est par l'usage ; ce qui était nuisible et pernicieux, sous un gouvernement subversif et arbitraire , sera bon sous un gouvernement constitutionnel, où les ministres sont continuellement devant le tribunal de l'opinion.

On a également paru regréter, dans cette chambre, que le clergé n'eût plus en France ces vastes possessions territoriales, qui lui assuraient une si haute importance politique. Personne plus que nous ne désire que la religion soit florissante, personne ne fait plus de vœux pour que ses ministres trouvent la considération et le bonheur au sein de cette société qu'ils éclairent et qu'ils consolent ; mais , est-il nécessaire pour cela qu'ils possèdent des propriétés foncières ? Ne serait-il pas plus conforme à la sainteté de leur vocation qu'ils reçussent de l'Etat des revenus suffisants , et même plus que suffisants à leurs besoins, afin qu'ils fussent dispensés de tout esprit de calcul, et que rien de terrestre n'altérât la pureté de leur âme ? Veut-on les forcer de descendre des hauteurs de la religion aux viles spéculations de l'intérêt de propriété , et de consacrer aux soins des affaires de ce monde des instants qui seront perdus pour les malheureux et les affligés ? Ne voit-on pas d'ailleurs que, donner des terres au clergé, c'est assurer des moyens de finances aux révolutionnaires à venir ; c'est mettre sous la main de la première faction po-

(5o)

pulaire des biens situés hors du peuple , et que
l'opinion ne défend pas (1).

Nous ne voyons donc rien dans nos institutions qui ne soit le résultat de la plus parfaite
civilisation , qui ne garantisse la grandeur politique de la France , et ne doive concourir à
nous rendre plus cher ce nom de Français , si
anciennement en honneur dans les contrées les
plus éloignées.

Si des institutions qui régissent la société
nous descendons ensuite à la société elle-
même , avec quel orgueil ne verrons-nous pas
l'état florissant où se trouvent chez nous l'a-
griculture , les arts , l'industrie commerciale
et manufacturière ? Jamais, dans aucun siècle,
une nation ne présenta un assemblage aussi
imposant d'hommes lettrés , de guerriers illus-
tres , d'excellents artistes , de gens versés dans

____

(1) Au reste , cette question , comme toutes celles
qui ont divisé la chambre et le ministère , rentre dans
ces généralités : Conservera-t-on le système fiscal, ou
essayera-t-on de rétablir le système foncier? Laissera-
t-on dans la dépendance de l'Etat tous ceux qui consti-
tuent sa force , ou bien les rendra-t-on indépendants ?
Maintiendra-t-on les changements *matériels* qui se sont
accompli dans le siècle, où essayera-t-on de rétablir
ce qui était dans tel ou tel siècle ?

toutes les sciences utiles ; jamais ces sciences ne furent poussées à un si haut degré de perfection. Est-il un peuple où le sentiment des beaux arts soit si général , où le génie se reproduise et se multiplie sous tant de formes , où l'esprit ait autant de ressort et d'activité ? Est-il une nation où la peinture , la sculpture , l'architecture , soient cultivées avec tant d'éclat ? Ce Prudhon, que les étrangers ont nommé le Corrège moderne ; ce Gros, qui a le pinceau large et facile de Rubens ; ce Guerrin, presque aussi dramatique que Racine ; ce Giraudet, ce Gérard, et une foule d'autres artistes , qui tous possèdent les parties supérieures de leur art , assurent à l'école française la palme du dix-neuvième siècle , et appèlent de tous les points de l'Europe l'or et l'admiration des étrangers. Loin donc que la France ait perdu quelque chose de son antique splendeur , pendant les désordres de sa révolution , sa beauté s'est encore accrue ; ses monuments, ses canaux, ses grandes routes, se sont multipliés , et les infortunes privées semblent avoir tourné au profit de la prospérité nationale. Les lumières ne sont plus comme autrefois le propre d'un petit nombre de citoyens , elles sont générales , elles sont répandues sur la nation entière ; la politesse , l'éducation , l'élégance ont ennobli toutes les classes ; le luxe et le goût ont tout conquis , tout embelli , tout épuré ; les idées se sont élevées, et la philosophie , rectifiée par l'expérience, s'est réconciliée avec la religion pour éclairer les hommes. Ainsi , tous les éléments de la véritable grandeur se trouvent réunis chez nous , et cette grandeur est d'autant plus solide , qu'elle n'est point le résultat d'une extension disproportionnée , mais qu'elle s'appuie sur les richesses, toujours renaissantes, du sol le plus fertile de l'Europe. En effet, tel est l'avantage d'une nation agricole , sur celles qui ne sont que commerçantes et manufacturières , que la grandeur de ces dernières est pour ainsi dire éventuelle , puisqu'elle est fondée sur une industrie dont la source et les débouchés sont situés hors de son sein , tandis que la France pourrait se passer des nations voisines , et n'a rien à gagner ni à apprendre avec elles.

Aucun événement extérieur ne peut donc compromettre l'existence d'une nation qui s'est placée si haut dans la civilisation , et qui trouve tant de ressources dans les richesses de son territoire. Les désastres de Mont-Saint-Jean ne doivent point enchaîner nos espérances ni décourager nos âmes ; la France a traversé plus d'une fois, avec gloire, des circonstances tout aussi graves ; les cyprès de Poitiers et de Pavie n'ont point empêché la tige florissante du lys français de s'élever au-dessus des puissances du monde ; c'est dans la confiance de nos forces, dans notre union que chaque jour semble cimenter davantage, dans les lumières et la sagesse d'un roi qui, pour nous servir d'une expression des livres saints, *sonde notre cœur et nos reins*, que nous devons trouver ce calme et cette sécurité qui attend les événements sans les craindre, et qui fut toujours l'attribut de la véritable grandeur.

Telle est cette France trop souvent calomniée par ceux de ses enfants qui ont encouru sa disgrâce ; telle est cette patrie, que les sophismes d'une faction expirante voudraient en vain dérober à nos regards. Malheur aux âmes flétries, aux caractères usés, qui n'auraient pas puisé dans le tableau imparfait que nous venons d'esquisser, quelques sentiments d'amour pour leur pays, et de reconnaissance pour le souverain qui nous gouverne ! malheur aux Français qui vont chercher dans l'étranger des sujets d'admiration, et qui érigent en héroïsme chez les Bruce et les Wilson, des sentiments patriotiques qu'ils prétendent ne plus exister en France, parce que leurs cœurs souillés ne sont pas capables de les éprouver! Ne soyons pas dupes de ce chagrin affecté avec lequel, au nom de la patrie et de l'honneur, on essaye de nous dire qu'il n'y a plus ni patrie ni honneur. Il n'en est pas un, parmi ceux qui tiènent ce langage, dont l'ambition ou l'intérêt ne pût nous expliquer le prétendu découragement. L'honneur et la patrie sont en nous, qui n'avons point trempé nos mains dans le sang royal; en nous, qui n'avons point vendu la liberté publique à l'ambition d'un dictateur; en nous, qui n'avons point prostitué nos talents, qui n'avons point ramené à la nation le tyran que la nation avait chassé de son sein; en nous, qui sommes Français, qui apprécions le bienfait de la charte constitutionnelle, qui aimons, qui chérissons le monarque auquel nous devons notre liberté, qui croyons à la légitimité dans une monarchie héréditaire; en nous surtout, qui sommes jeunes encore, et qui trouvons dans la vigueur de nos âmes, dans l'élévation de nos idées, dans l'unanimité de nos vœux et de nos sentiments,

de quoi répondre à la France de la solidité
de ses institutions et de ses destinées glo-
rieuses.

FIN.

DE L'IMPRIM. DE C.-F. PATRIS, RUE DE LA COLOMBE,
N° 4, QUAI DE LA CITÉ.